de la A a la Z por

Jalisco

Becky Rubinstein F.
Ilustrado por Maribel Suárez

de la A a la Z por
Jalisco

Becky Rubinstein F.
Ilustrado por Maribel Suárez

everest
INTERNACIONAL

A DE ARANDAS

Hay un lugar que se llama Santa María Guadalupe de los Arandas, por la familia Arandas que la fundó en el siglo XVIII. Ahí se produce tequila, telas de lana y sombreros de palma; también alfarería. En Arandas hay una parroquia que tiene una campana que pesa 45 toneladas y descansa frente a su templo, pues las torres de la estructura no podían aguantar tanto peso.

Alfarero soy del mero Arandas,
vendo macetas y macetones,
floreros, puercos, platos y tazas,
copas y ollas, lunas y soles.

Alfarero soy del mero Arandas
donde vivían los chichimecas,
donde vivían tribus tarascas.
¡Y pa´ que lo sepan: soy alfarero!

B DE BARRA
(BARRA DE NAVIDAD)

Pueblo de pescadores donde los españoles, cuando llegaron, tenían astilleros para fabricar y reparar sus barcos. Precisamente de ahí partió López de Legazpi, un bravo marino, a la conquista de las Filipinas.

Pueblo de pescadores
donde tú puedes pescar
pez dorado, camarones
que hacia las redes van.

Pueblo de pescadores
donde te puedes llevar
pececitos, pecezotes
para llenar un costal.

C DE CATEDRAL

Esta catedral es copia de la catedral de Granada. Al principio, se construyó de adobe y paja y luego se edificó con piedra, poco a poquito. Se terminó en 1618, pero seguido se ha metido pico y pala para repararla y mantenerla en buen estado. Desde lejos se pueden observar sus dos torres y su cúpula.

Enorme la catedral
donde la misa se canta,
en la ciudad capital
se levanta muy galana.

CH DE CHARRERÍA

La charrería es una fiesta tradicional que se realiza en los llamados lienzos charros, donde los jinetes muestran su habilidad para el manejo de los caballos, y la música de la banda siempre está presente. Las suertes charras son 10 y en algunas también intervienen toros y yeguas.

El charro, la charra y los charritos
charros de la charrería;
de la charrería los charritos,
la charra y el charro.

D DE DEGOLLADO
(TEATRO DEGOLLADO)

En Guadalajara está el teatro Degollado donde toca la Filarmónica de Jalisco, se dan recitales de baile, de canto y de declamación; hay funciones de ópera y se presentan obras de teatro para los niños, las niñas y sus papás.

Es el Teatro Degollado:
donde tocan los violines,
donde toca el saxofón,
y también los cornetines,
y también el guitarrón.

En el Teatro Degollado
puedes hallar bailarines
danzan con mucha pasión
frente a atentos chiquitines
que aplauden de corazón.

E DE ESCARAMUZA

Niñas vestidas de rancheras y montadas a caballo galopan como si bailaran, realizan ejercicios ecuestres y todo resulta en un espectáculo con mucho colorido, que engalana el lienzo charro.

Charras bonitas,
trajes de gala,
aquí en Jalisco,
en Guadalajara.

F DE FUENTE
(FUENTE DE LA MINERVA)

En el cruce de las carreteras que van a Nogales, Morelia y el sur de Jalisco, puedes encontrar la estatua de Minerva, diosa romana de la sabiduría. En su pedestal están escritos los nombres de abogados, poetas, médicos y arquitectos importantes de Jalisco.

Agüita que sube,
agüita que baja,
Minerva se cubre
con chorros de agua.

Agüita que sube
y le moja la cara,
baja, baja y sube,
¡en Guadalajara!

JUSTICIA, SABIDURÍA Y FORTALEZA   CUSTODIAN A ESTA LEAL CIUDAD

G DE GUITARRA

La guitarra viene de la cítara, un instrumento de cuerda originario del Oriente. De ahí pasó a España, y de España a México. Para todo el mundo la guitarra ya es mexicana y parte del mariachi.

La guitarra de mi tierra
suena, suena y resuena,
resuena, suena y suena,
la guitarra de mi tierra.

H DE HUICHOL

Los huicholes de Jalisco visten camisa larga sujeta por una faja ancha y gruesa de lana o estambre. Encima de la faja van varios morralitos bordados y unidos por un cordón. Cubren la espalda con un pañuelo bordado, y la cabeza con un sombrero de palma adornado con chaquira, plumas, estambre, flores, espinas o trozos de corteza.

El hombre usa la ropa más adornada.

**La mujer huichola borda y borda,
borda de día, borda de noche
con chaquiritas muy chiquititas
borda lunitas, estrellas, flores.**

I DE ISLA
(ISLA DE LOS ALACRANES)

El lago de Chapala tiene dos islas: la isla de Mezcala y la de Los Alacranes. Los huicholes cuentan que, durante el último diluvio, su gente salió de ahí rumbo a las serranías de Jalisco. Son islas de lava y, en algunos lugares, sus aguas son termales y medicinales.

Alacranes y alacrancitos alacranados de la alacranería, de la alacranería alacranes y alacrancitos alacranados.

J DE JARABE
(JARABE TAPATÍO)

El jarabe tapatío es un baile típico de Jalisco, se baila en parejas y es una mezcla de zapateado y de pasos rápidos que encantan a quien los ve.

Jinetes, jaripeo,
jarabe tapatío,
la fiesta se arma en grande
en el mero Jalisco.
Jinetes, jaripeo,
jarabe tapatío,
caballos y bailables
pa´ los charros bravíos.

K DE KILÓMETRO

Kilómetro a kilómetro recorro Jalisco, praderas y valles, paseo por ahí, Jalisco es tan bello que dan ganas de visitarlo, centímetro a centímetro, metro a metro, kilómetro a kilómetro.

Kilómetro a kilómetro
recorriendo Jalisco,
a pie o en caballo
visito a los amigos.

Kilómetro a kilómetro
paseo por Jalisco,
las charras y los charros
me muestran su cariño.

L DE LAGO
(LAGO DE CHAPALA)

Entre Michoacán y Jalisco está el lago más grande de los lagos interiores de México alimentado por el río Lerma: es el lago de Chapala, y en él vuelan aves migratorias al norte, como el pelícano blanco que viaja al centro de Canadá.

Alrededor de Chapala
nos podemos encontrar
Ajijic y Cosalá,
el Chante y Ocotlán.
Jocotepec… ¡qué caray!

M DE MARIACHI

Jalisco es la "cuna" del mariachi. Los mariachis tocan en las fiestas con la guitarra, el violín, la trompeta, el trombón y también el guitarrón.

Los mariachis son músicos que también cantan *Las Mañanitas del Rey David* y las que se saben desde chiquitos.

El mariachi toca,
el mariachi suena,
en bodas, jolgorios
tocan la trompeta.

El mariachi toca,
el mariachi canta,
en fiestas, bautizos
tocan la guitarra.

El mariachi toca,
do, re, do, re, mi,
y quiero saberlo:
¿dónde está el violín?

N DE NÁMAS

Los huicholes enviaban mensajes a sus dioses por medio de tablillas llamadas námas, en las que representaban animales como el venado, el águila, la paloma y el coyote.

Namanamanama
Witawitawita
Neiraneiraneirra
¡Namawitaneirra!

Ñ DE Ñ PARA NIÑOS Y NIÑAS

Los niños de Jalisco a veces sienten miedo; "ñáñaras" es una expresión que usan para manifestar este sentimiento.

La "ñ" me da ñáñaras,
ñáñaras en la noche,
ñáñaras en el día.

La "ñ" me da ñáñaras,
ñáñaras en el coche,
si como porquerías.

O DE OJOS TAPATÍOS

Decirle a una niña que tiene "ojos tapatíos" es decirle que los tiene grandes, negros y de largas pestañas. Y con brillo como de estrellas en la noche.

Ojos tapatíos
de precioso brillo,
ojos tapatíos,
con ellos sonrío.

P DE PALENQUE

Es un ruedo donde se canta, se toca música y los gallos pelean. El gallo giro, de plumaje blanco, contra el colorado, o al revés.

Un par de gallos
en el palenque,
muy peleoneros
y muy valientes.

Cantan los charros
en el palenque,
son los primeros
en gritar fuerte.

Q DE QUIOSCO
(QUIOSCO DE LA PLAZA DE ARMAS)

En la Plaza de Armas hay un quiosco de hierro fundido, fabricado, pieza a pieza, en Francia. Por las tardes, muchachas y muchachos pasean alrededor del quiosco donde una orquesta toca música: valses de antes o de mariachi.

En la Plaza de Armas hay un quiosco
lo conoces tú, yo lo conozco.
En la Plaza de Armas hay un quiosco
osco, osco, osco, te conozco.

R DE REHILETE
(PARQUE REHILETE ALCALDE)

Es un parque con una fuente y un gran tren… Ahí también hay juegos mecánicos para niños, niñas y sus papás. Tiene una terraza y un lago al frente.

En pleno centro
hay un lindo parque:
Rehilete Alcalde
donde todo es juego.

Todo es contento
en el lindo parque,
chicos y grandes
se mueren por verlo.

S DE SARAPE Y SOMBRERO

En Jalisco los artesanos fabrican sarapes y sombreros de mucha calidad.

De noche en la cama,
de día en la espalda,
colores y rayas
en lana de oveja.

De día lo uso,
de noche lo cuelgo,
sencillo o de lujo
termina con ero.

Soluciones: sarape - sombrero.

T DE TLAQUEPAQUE

Tlaquepaque es un municipio aledaño a Guadalajara. Sus tiendas venden artesanías de barro (como alcancías y jarrones), de vidrio (como jarras, vasos y copas) y de madera (como mesas, sillas y camas).

En Tlaquepaque hay galerías de pintura y restaurantes donde se comen tacos, tostadas, pozole y "tortas ahogadas".

En Tlaquepaque se toma tequila, tequila se toma en Tlaquepaque. Tlaquepaque, Tlaquepaquito: aquí tú vienes y yo me quito.

U DE UNIVERSIDAD
(UNIVERSIDAD DE GUADALAJARA)

Los servicios de la Universidad de Guadalajara proceden de 1925, aunque tuvo un antecedente colonial. Ahí se estudia para abogado, médico, músico, psicólogo, dentista, físico, matemático y escritor, entre otras profesiones, y se empezó a construir desde antes de la Revolución. A esta Universidad vienen estudiantes de todo el mundo.

"Uni" Universidad
donde puedes estudiar,
lo difícil no es entrar
sino poderte graduar.

V DE VALLARTA
(PUERTO VALLARTA)

Vallarta tiene un lindo mar para nadar, bucear, con playas escondidas para tomar el Sol bajo una palapa. Y, para los atrevidos, en Nuevo Vallarta hay un delfinario donde se puede nadar, nariz con nariz, con los delfines "nariz de botella".

Vallarta es un puerto
Vallarta es un puerto de Jalisco
Vallarta es un puerto de Jalisco en el océano Pacífico
Vallarta es un puerto de Jalisco en el océano Pacífico donde el Sol brilla
Vallarta es un puerto de Jalisco en el océano Pacífico donde el Sol brilla de maravilla

W DE WOW

Si aciertas grita *wow* con la "W".
Pon una "V" a la frase verdadera y una "F" a la falsa.

Vallarta es un puerto de Jalisco ( )
Tlaquepaque es un municipio de Jalisco ( )
El mariachi es de Jalisco… ¡sí, señor! ( )
En el palenque se pelean los gallos ( )
Rehilete Alcalde es un parque de diversiones ( )
La isla de los Alacranes está en Chapala ( )

Solución: todas son V.

31

X DE xALISCO

Jalisco y Nayarit son dos estados vecinos; si viajas a uno, puedes viajar al otro. Mas no te confundas con Jalisco y Xalisco: la primera se escribe con "J" y la otra con "X".

Xalisco con "X" es de Nayarit,
Jalisco con "J" lo tienes aquí.

Y DE YELAPA
(PLAYA YELAPA)

La playa de Yelapa es dorada como un paraíso. Hay artesanías para llevarse a casa: ensaladeras, rodillos, floreros, palilleros que están hechos de madera de color rosa, del árbol del lugar.

Yelapa tiene una cascada de casi 50 metros de alto.

Playa dorada: Yelapa, Yelapa.
Madera rosada: Yelapa, Yelapa.
Preciosa cascada: Yelapa, Yelapa.
Siempre visitada: Yelapa, Yelapa.

Z DE ZAPOPAN

Zapopan es un municipio de Jalisco y tiene una basílica en el cerro donde se venera a la milagrosa Virgen de Zapopan. El 12 de octubre se realiza una peregrinación de tres millones de personas que acompañan a la Virgen de regreso a su iglesia.

Zapopan tiene una Virgen
que hace muchos milagros.
Peregrinos, peregrinas
la visitan en lo alto.